NEW COUNTRY

NICK RONALD UND DAVID ROBERTS

NEW COUNTRY

DECO-IDEEN UND PROJEKTE
IM LANDHAUSSTIL

Aus dem Englischen übertragen von Wiebke Krabbe

Lifestyle by BUSSE SEEWALD

Dieses Buch ist unserer geliebten Tiggs
(Davids Mutter) gewidmet , die im Jahr 2000
ihren achtzigsten Geburtstag feiert.

Titel der englischen Originalausgabe:

Grand Illusions
New Country Decorating

First published in the United Kingdom in 2000
by Ebury Press, Random House

ISBN 0 09 1871379

Die Deutsche Bibliothek – CIP-Einheitsaufnahme

New Country : Deco-Ideen und Projekte im Landhausstil /
Nick Ronald und David Roberts.
Aus dem Engl. übertr. von Wiebke Krabbe.
[Red.: Ulrike Rudolph]. – Herford : Busse Seewald, 2001
Einheitssacht.: Grand illusions new country decorating <dt.>

ISBN 3-512-03231-1

Deutsche Ausgabe:

Übersetzung: Wiebke Krabbe, Damlos
Redaktion: Ulrike Rudolph, Bad Salzuflen
Herstellung: Richard Brüll, Vlotho
Satz: Busse Druck, Herford
Lithos: Colorlito S.r.l., Mailand
Druck und Bindung: Tien Wah Press, Singapore

ISBN 3-512-03231-1

Inhalt

Einleitung

Willkommen im neuen Country-Stil zu einem Ausflug in eine Welt, in der üppige Rüschen der Schlichtheit weichen, Edles das Sentimentale verdrängt und das Wort „modern" weder mit Minimalismus noch mit verbotenem Territorium gleichgesetzt wird.

Wir widmen dieses Buch allen Menschen, die bei dem Begriff „Country-Stil" das Gesicht verziehen. Tatsächlich ist dieses Etikett lange Zeit für ein Sammelsurium aus Stilen oder Sünden (je nach Standpunkt) verwendet worden, und es ist an der Zeit, den Begriff neu zu definieren.

Der neue Country-Stil ist für uns ein Einrichtungsstil, der von der Natur inspiriert ist und Wärme durch den Einsatz natürlicher Elemente bezieht. Es ist der ideale Gegenpol zu unserer unruhig-geschäftigen-dot.com-Welt, in der wir wie Lemminge auf einen Hightech-Abgrund zusteuern. Verabschieden wir uns von den mit Krimskrams überladenen Anrichten und den Farben, die schon unsere Ahnen kannten. Begrüßen wir einen frischen, entspannenden Einrichtungsstil.

Wir sind vor knapp zwei Jahren aufs Land gezogen, und obwohl wir gelegentlich die städtische Kultur vermissen, war das Leben auf dem Land eine Enthüllung für uns. Es sind diese Menschen mit ihrer herzlichen Wärme, ihrem praktischen und großzügigen Denken und ihrem einladenden Wesen, denen dieses Buch eigentlich gewidmet ist.

Nick Ronald und David Roberts

Inspiration und Auswahl

Die Quellen für Inspirationen sind etwas sehr Persönliches, und wir werden oft nach unseren gefragt. Nun kann das, was ein Mensch anregend findet, einen anderen völlig kalt lassen, doch sind gerade solche Erfahrungen die Eckpfeiler unseres Erfolges. Hier verraten wir einige unserer liebsten Plätze, Personen und Dinge.

Es ist nicht verwunderlich, dass die Städte Barcelona und Paris ganz oben auf der Liste stehen. Beide Städte sind leidenschaftlich, lebhaft und geradezu genusssüchtig. Barcelona bietet eine Fülle wundervoller neuer und alter Architektur, Gaudi und Miro, aber auch hervorragende Restaurants mit schlichter katalanischer Küche und reizvollem Interieur. Paris ist eine Stadt mit unglaublicher Romantik, zahlreichen Kulturen und hinreißenden Geschäften. Es ist auch die Heimat von FNAC, dem wohl größten Musikeinzelhändler der Welt und ein Muss für jeden, der sich eine internationale Musiksammlung wünscht.

Antwerpen ist eines der weniger bekannten, dafür gut gehüteten Geheimnisse. Hier findet man brillante Architektur, ausgezeichnetes Essen und Bier und einige der interessantesten Geschäfte

Europas, in denen verschiedene Produktgruppen nach Bereichen oder Straßen sortiert sind. Das Antiquitätenviertel ist bemerkenswert und sehr ungewöhnlich, ebenso die Interieur-Straße, in der auch Flammand und einer der besten Floristen Europas zu finden sind. Ähnlich beeindruckend ist die Home & Garden-Messe in Amsterdam, die jedes Jahr im Mai auf dem Gelände eines großen Landhauses knapp außerhalb der Stadt stattfindet. In über hundert Zelten in herrlicher Lage an einem See findet man dort eine ebenso ungewöhnliche wie wundervolle Auswahl an Antiquitäten, Krimskrams, Glas und Blumen. Ganz einfach zum Dahinschmelzen.

Was nun Menschen angeht, so haben die folgenden Designer großen Einfluss auf unseren Stil gehabt: Frederique Mechiche, André Putnam, Caroline Quatermaine, Tricia Guild, die Bloomsbury Group, Cote Bastide und natürlich Sir Terence Conran.

Trotz alledem ist Inspiration nichts wirklich Greifbares. Der kleinste Tupfer abblätternder Farbe kann Ausgangspunkt für eine ganze Raumgestaltung sein, ein Duft kann ein völlig neues Konzept auslösen – das sind die eigentlichen Samen, die gewaltige Früchte tragen können.

Raumgefühl

Wir sagten eingangs, es sei nicht nötig, auf dem Lande zu leben, um den neuen Country-Stil zu verwirklichen, und das ist tatsächlich wahr. Das Geheimnis liegt – wie bei allen Designrichtungen – darin, Elemente des Stils auszuwählen und mit dem zu kombinieren, was vorhanden ist und Ihnen gefällt. New Country macht es Ihnen leicht, denn es ist ein entspannter Stil ohne klar definierte Grenzen. Wegen seiner Schlichtheit können Sie mit ein paar Handgriffen eine romantische oder elegante Atmosphäre zaubern. Natürlich steht außer Frage, dass die Räumlichkeiten und deren Umgebung die grobe Richtung des Konzepts vorgeben sollten.

Betonen Sie die Vorzüge und lassen Sie sich bei der Farbwahl und Farbgestaltung von Ihrer Umgebung anregen. Schaffen Sie Ton-in-Ton-Texturen aus heimischen Materialien und verstecken sie nicht, was die Natur beisteuert, sondern betonen Sie es. Eine skurrile Kleinigkeit sorgt für die individuelle Note, wie etwa die zusammengebundenen bunten Federn in der Vase oder die grafisch wirkenden Holzbuchstaben, die aus MDF-Platten zugesägt, lackiert und patiniert wurden.

R&
R

Die Jahreszeiten spüren

Auf dem Land ist der Wechsel der Jahreszeiten viel deutlicher zu spüren, von den ersten Blättchen der Frühlingsblumen in den Wäldern bis zum Einfahren der Ernte als Vorbereitung auf die langen Wintermonate. Dreimal in der Woche fahren wir die 160 Kilometer bis nach London, und im Laufe eines Jahres bietet die Landschaft uns eine bemerkenswerte Palette an Farben, die sich stets ändert. Dem intensiven Schwefelgelb der Rapsfelder im Frühling folgen im Frühsommer Felder voll Flachs in kühlem Lavendelblau. Wenn die Abende kürzer werden, wird das Leuchten des Mohns abgelöst vom Graugrün des Winters, der in frostigen Morgenstunden ein strahlendes Weiß annehmen kann, das wie Juwelen glitzert. Dies sind die Signale für Veränderungen im Haus, denn mit den Jahreszeiten ändert sich auch die Stimmung.

Der Lebenszyklus

Der Frühling ist eine Zeit der Erneuerung und des Zerbrechlichen. Die Stimmung hebt sich, Vorfreude auf die ersehnte Veränderung macht sich breit, der Frühlingsputz wird zur therapeutischen Maßnahme. Jetzt ist es Zeit, die schweren Winterdraperien und -stoffe wegzuräumen und leichtere, leuchtendere, weißere Gewebe hervorzuholen. Füllen Sie das Haus mit Zwiebelblühern und winzigen Blumen. Jetzt ist es auch Zeit, alte Anstriche aufzufrischen oder andere Gestaltungsaufgaben anzugehen, um die man sich gedrückt hat, damit man sich in den wärmeren Monaten daran freuen kann.

Um Ostern erhöht sich die Vorfreude, wenn die Freuden des Lebens im Freien näher rücken. Die Tage werden länger, das Licht wird heller und das Wetter zusehends freundlicher. Wir beginnen, uns innerlich zu entspannen und planen schon die Tage im Garten und die Mahlzeiten im Freien. Die Veränderung des Wetters wirkt intensiv auf unsere Stimmung. Wenn sich sommerliche Heiterkeit ausbreitet, schaffen Sie im Haus Ferienatmosphäre, vereinfachen Sie Ihre Umgebung. Machen Sie das Beste aus dieser Zeit – sie ist so kurz.

Die Farben verändern sich, die Ernte wird eingefahren und der Beginn des neuen Schuljahrs zeigt an, dass nun der Herbst beginnt und sich das Leben langsam nach drinnen zurückzieht. Es ist eine Zeit der Feste und Feiern, das Stadtleben wird spürbar quirliger. Im Herbst wird geplant und organisiert. Und gut organisierter Stauraum ist auch wichtig, wenn Sie Ihre Sommerstoffe durch gemütlichere und wärmere Texturen ersetzen. Beginnen Sie mit dem Offensichtlichen: Bettdecken, Wolldecken und Kissen.

Allzu schnell wird es Winter und die Weihnachtszeit steht vor der Tür. Die Tage sind kurz und ein behagliches Zuhause hat umso mehr Bedeutung. Die Natur hält Winterschlaf, tun Sie es ihr gleich. Das Haus wird zur Zuflucht, und es gibt nichts Schöneres, als sich mit gemütlichen Decken vor einem Kaminfeuer zusammenzurollen oder ein langes, heißes Bad bei Kerzenlicht zu nehmen. Das Leben findet drinnen statt, füllen Sie darum die Räume mit den würzigen Düften des Winters. Nach dem Neujahrsfest kehrt der Geist des Neubeginns wieder ein und der ganze Kreislauf beginnt von vorn.

Frühling

CARD

Frühlingserwachen

Der Frühling ist eine zarte Zeit, in der die Natur Nachwuchs bekommt und das Land durch winzige Blüten verjüngt wird. Greifen Sie die Stimmung auf und dekorieren Sie Ihre Wohnung mit kleinen Sträußen einfacher, frischer Blumen, vielleicht Narzissen, frühen Tulpen oder Veilchen, oder stellen Sie einzelne Stiele in kleine Glasflaschen. Traditionell getriebene Zwiebeln wie Hyazinthen sind immer wieder reizend, ob nun in speziellen Hyazinthengläsern oder rustikaler in Keramikbechern oder Marmeladengläsern. Erlauben Sie sich zu Ostern etwas Witz mit weißen Federn, als Kranz oder einfach in Schalen. Und vergessen Sie auch die bemalten Eier nicht. Wer es natürlicher liebt, sollte es einmal mit ausgeblasenen Wachteleiern probieren. Der Frühling ist auch der erste Vorbote des Sommers, denken Sie darum schon jetzt an das Leben im Freien und bereiten Sie den Garten für die kommenden Monate vor. Halten Sie beim Trödler die Augen offen nach originellen Stücken, die sich als Accessoires oder Möbel für das Zimmer im Grünen eignen könnten.

Das blasse Gelb der Schlüsselblumen ist ein sicheres Zeichen, dass der Frühling gekommen ist. Als einzelne Stiele oder in kleinen Sträußen in einfachen Gefäßen bringen Sie im Nu ein Gefühl von Frische und Optimismus in jeden Raum.

Das Thema Hellgelb wird hier von der Schale mit dem viereckigen Unterteller aufgegriffen. Die bauchige Form gibt dem modernen Design etwas Handfestes und passt gleichzeitig gut zu dem dicken weißen italienischen Teller und dem blassen Blau der Tischdecke.

Schmücken Sie Küchentisch und Esstisch mit Stielen von Frühlingsblumen und frischem Grün, um das herrliche „Der Mai ist gekommen"-Gefühl zu verbreiten.

Diese chinesischen Teller mit Schale gehören zu einem Service, das wir vor mehr als zehn Jahren auf einem Markt in Hongkong erstanden und liebevoll nach Hause getragen haben.

Die Sonne herein-lassen

Ein herrlich schlichtes Paar glatter Banner-Gardinen aus karierter Seide mit einer Einfassung aus gebleichter Wildseide filtert das Licht und ist zugleich ein zarter Sichtschutz. Einfache Metallstangen sind mit drehbaren Scharnieren direkt am Fensterrahmen befestigt. So können Sie – je nach Tageszeit, Jahreszeit oder Stimmung den Lichteinfall variieren.

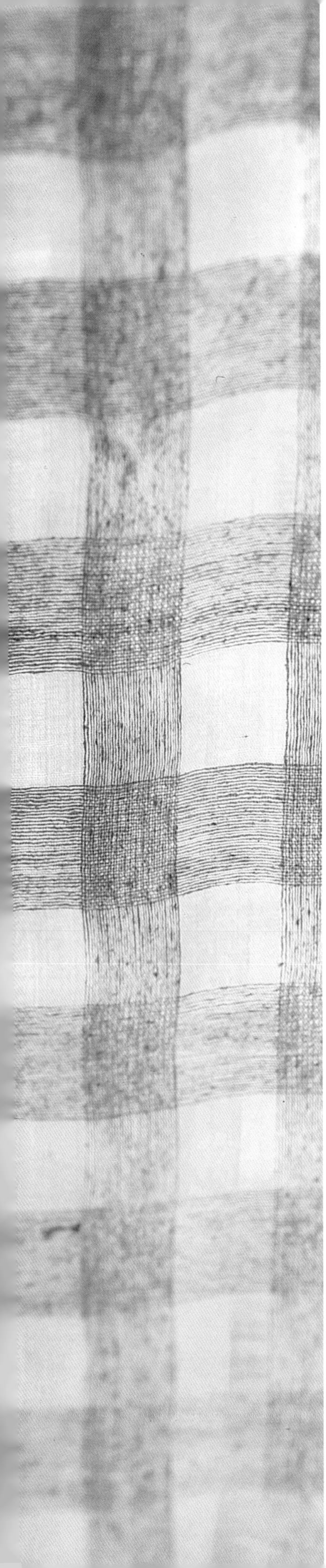

Traumfänger-Vorhang

Naturmaterialien ins Haus zu holen ist eine Möglichkeit, bestimmte Elemente zu betonen und so dem Wechsel der Jahreszeiten Ausdruck zu verleihen und ihn dekorativ umzusetzen. Dieser glatte Vorhang aus schwerem holländischem Naturleinen ist von den Traumfängern der amerikanischen Ureinwohner inspiriert, deren spirituelle Welt eng mit der Welt der Natur verwoben ist.

1 Wählen Sie einen Stoff mit interessanter, natürlicher Textur in einer schlichten Farbe. Unser Vorhang wurde aus einem prächtigen polierten Leinen gefertigt, dessen relativ steife, dicht gewebte Fäden einen glatten, wachsartigen Schimmer haben. Messen Sie das Fenster aus und geben Sie zu den gewünschten Fertigmaßen seitlich und unten 2,5 cm für die Säume zu. An der Oberkante ist ein breiterer Saum zum Durchschieben der Vorhangstange nötig.

2 Zeichnen Sie in der gewünschten Höhe mit Lineal, Winkel und Bleistift ein Rechteck auf den Stoff. Schneiden Sie die Öffnung aus und knipsen Sie die Ecken schräg ein. Dann die Schnittkanten zur linken Seite umbügeln und feststeppen. Auf die Ecken zur Verstärkung kleine Stoffdreiecke setzen, sodass der Rahmen der Ausschnitte glatt aussieht, wenn das Licht durchscheint.

3 Die Oberkante umschlagen und feststeppen. Der Tunnel sollte gerade breit genug sein, dass die Gardinenstange hindurch passt. Hängen Sie in jeden der rechteckigen Ausschnitte eine kleine Feder. Zum Schluss auf die Unterkante der Vorhänge dicht an dicht braune Fasanenfedern als Borte aufnähen.

Sommer

FORGET-ME-NOT
Johnsons Seeds

Sommerglück

Ein Essen im Freien ist ein besonderer Genuss. Wenn es Abend wird, stellen wir Teelichter in allen möglichen Gefäßen auf, die geheimnisvoll in der Dämmerung funkeln. Die schönen marokkanischen Teegläser sind ideale Kerzenhalter. Ein großes Windlicht wird zur Vase umfunktioniert, in einem zweiten umrahmen dekorative Wacholderbeeren den Boden einer Kerze. Um möglichst viel Licht ins Wohnzimmer zu lassen (siehe nächste Seiten), haben wir die alten, geerbten Vorhänge abgehängt und statt dessen leichte, fast durchsichtige Bahnen aus leichtem Kaliko angebracht, die einfach rundum gesäumt und mit schlichtem Bindfaden an den Gardinenstangen befestigt wurden. Unsere guten alten Korbsessel haben frische Polster aus einem Rest Baumwolljacquard mit einem plastischen Blumenmuster bekommen. Wir haben die Stühle näher an die Terrassentüren gerückt – so bieten sie einen herrlich geschützten Platz bei sommerlicher Hitze, oder auch für den Aperitif an kühleren Abenden. Die Grenzen zwischen drinnen und draußen werden durch den alten Gartentisch und die großen Blumentöpfe verwischt.

Funde vom Trödel sind großartige Gartenmöbel. Hier gibt es keine edlen Stücke, sondern nur originelle, interessante und vor allem witzige.

Oben: Selbst gemachte Limonade ist eine herrliche Erfrischung an heißen Sommernachmittagen. Frisch gepflückte Blumen (rechts), verbreiten in alten Glasgefäßen angenehme Kühle in einer ruhigen Ecke.

Ein alter französischer Tisch, Pflanzkübel, witzige Windlichter aus holländischen Milchflaschen ohne Boden und praktische Gläser im Bistro-Stil, dazu jede Menge frischer Luft – das ist unsere Vorstellung vom Himmel. Der gemütlich große Sessel lädt zu einer sommerlichen Siesta ein.

Flaschenvasen

Selten sieht man ein Projekt, bei dem aus der Kombination von ein paar Haushaltsgegenständen ein so interessantes und zeitgemäßes Stück entsteht, das ebenso in eine moderne Galerie wie in eine lässige Einrichtung passt. Hier schwingen sich eine Milchflasche (aus Holland, zugegeben) und ein gewöhnlicher Besenhalter zu neuen Dimensionen auf. Das Geheimnis ist eine schön geformte Flasche. Halten Sie nach kleinen Mineralwasserflaschen, italienischen Bitter-Aperitifs oder Kakaoflaschen Ausschau.

1 Schneiden Sie ein Stück MDF-Platte von etwa 40 x 40 cm zu. Behandeln Sie es mit wasserverdünnbarer Holzlasur (wir haben Mittelbraun benutzt), um den Farbton der Grundplatte zu vertiefen, die später stellenweise durchschimmert. Gut trocknen lassen, dann mit mattem Acryllack überziehen.

2 Mit zwei Schichten wasserverdünnbarer Farbe streichen (wir haben die Töne Mole und Stone benutzt, s. Seite 139), dabei jede Schicht gut durchtrocknen lassen. Anschließend die Kanten leicht anschleifen, um die Platte optisch zu altern und eine interessantere Textur zu erhalten. Noch einmal mit mattem Acryllack versiegeln.

3 **Eine metallene Geräteklemme** knapp unterhalb der Mitte auf die Platte schrauben. Es muss darüber genug Platz für die Blütenstiele auf der Platte frei bleiben. Ist die Klemme befestigt, muss nur noch der Flaschenhals hineingedrückt werden – und fertig ist das moderne Kunstwerk.

Kandelini

Diese Idee haben wir ursprünglich als Weihnachtsdekoration für eine Zeitschrift entwickelt, doch wegen der langen Produktionszeiten wurde sie in der sengenden Hitze des Juli fotografiert. Allerdings geben diese winzigen Glaslaternen im Stil der griechischen Kandelini auch einem Sommerabend speziellen Zauber und machen aus einem Essen im Freien ein göttliches Vergnügen. Hängen Sie die Lichter in Gruppen in Bäume, an Pforten und Durchgänge, oder einfach an einer Schnur über den Tisch. Wir benutzten Joghurtgläser, die in jedem guten Supermarkt zu bekommen sind.

1 Sammeln Sie möglichst viele interessante Glasgefäße. Wir haben Joghurtgläser verwendet, doch andere Gläser eignen sich ebenso gut. Weichen Sie in warmem Seifenwasser die Etiketten ab, dann waschen Sie die Gläser aus und trocken sie gründlich ab.

2 Schneiden Sie aus dünnem, festem Draht Stücke von 10 cm und 50 cm Länge zu. Mit einer feinen Rundzange biegen Sie die Enden der kurzen Drähte zu Schlaufen. Für jedes Glas fädeln Sie nun einen langen Draht durch die beiden Schlaufen eines kurzen Drahtes, um einen Schlinge zu erhalten.

3 Ziehen Sie die Schlinge fest um den Hals des Glases, und drücken Sie die Schlaufen an den Enden noch einmal zu, sodass die Aufhängung sicher am Glas befestigt ist. Zum Aufhängen müssen Sie nun nur noch die beiden Enden des langen Drahtes zusammendrehen.

Herbst

Herbstfreuden

Wenn die Abende länger werden, ist es Zeit, es sich im Haus für die kommenden kühleren Monate gemütlich zu machen. Dann rücken Texturen in den Vordergrund. Genau wie bei den Kleidern packen wir nun die leichten, fließenden Stoffe in den Schrank und holen die wärmeren Wolldecken, die behaglichen Kissen und Läufer hervor.

Schaffen Sie mit Schätzen aus der Natur herbstliche Stilleben. Sammeln Sie interessante Samenstände von getrockneten Blüten und kombinieren Sie sie mit der Vielfalt von Herbstlaub und Nüssen. Trinken Sie Tee am Kamin und zünden Sie Kerzen an, wenn der Abend kommt. Um diese Jahreszeit hat das warme Flackern von Flammen einen besonderen Zauber. Noch heimeliger wird die Stimmung durch holzige und würzige Düfte wie Zeder und Vanille.

Rechts: Die Schwimmkerzen sehen in den Glasgefäßen des Kronleuchters originell und modern aus – eine echte Lichterpyramide. Unten: Die Stumpenkerze brennt geruhsam und verbreitet angenehmen, winterlichen Zitrusduft. Zum Country-Stil passt gut ein echtes Holzfeuer. Getrocknete Kräuter wie Salbei eignen sich besonders zum Anzünden, und sie duften herrlich, wenn man sie auf die glühenden Scheite streut.

Originell sind diese Kerzenhalter mit blattförmigen Schildern aus rostigem Metall. Die Flammen der Teelichter sehen hinreißend aus, wenn sie sich in den Rillen der einfachen Gläser brechen.
Unten: Die metallenen Kerzenhalter wirken durch die Dekoration aus vielen kleinen Glasperlen glamourös.

Goldbraun

Es ist überraschend, dass so wenige Menschen wissen, wie leicht man ein Möbelstück mit einer edlen Wachspatina überziehen kann. Hier zeigen wir auf bescheidener Kiefer ein ungewöhnlich dunkles Dekor, das an exotische Harthölzer erinnert. Die dunkle Tönung lehnt sich an moderne Interieurs mit dunklen Hölzern und asiatischem Einschlag an, eignet sich aber ebenso für Esstische oder für Kommoden und Schreibtische im Stil der 30er Jahre.

1 Tragen Sie mit einem weichen Pinsel eine wasserverdünnbare Lasur (wir haben einen Walnusston verwendet) in Richtung der Maserung auf. Arbeiten Sie schnell und lassen Sie vor allem die Ränder nicht antrocknen. Vermeiden Sie zu starke Überlappungen, sonst wird der Anstrich scheckig. Bei Bedarf wiederholen.

2 Tragen Sie eine Schicht Möbelwachs auf, nach Belieben klar oder antik. Verteilen Sie das Wachs mit einem weichen Lappen oder mittelfeiner Stahlwolle gleichmäßig. Achten Sie wieder darauf, dass der Auftrag nicht scheckig wird. Mindestens eine Stunde trocknen lassen, bis das Holz das Wachs fast völlig aufgesogen hat.

3 Jetzt mit einem trockenen, weichen Tuch die gewachste Oberfläche behutsam polieren. Verwenden Sie toluol-freies Wachs, das weniger giftig ist und nach dem Auftrag einen matteren Glanz entwickelt. Bei diesem Schreibtisch haben wir auch die Schubladen gewachst und zum Schluss antike Griffe angeschraubt.

Der Matador-Stuhl

Ist er nicht sexy? Die Idee für diesen Stuhlbezug stammt von den Möbeln in einer schicken Bar in Brüssel. Zwar war das nicht der eigentliche Zweck des Bezugs, doch eignet er sich großartig, um einen alten Stuhl aufzupeppen – sowohl ein Einzelstück als auch eine ganze Gruppe um einen Esstisch.

1 Damit der Stuhl etwas stattlicher aussieht, verpassen Sie ihm Schulterpolster. Schneiden Sie aus Schaumstoff einen Streifen in Länge und Breite des Lehnenkopfes zu und kleben Sie es mit Malerkrepp fest. Messen Sie die Breite des Sitzes und der Rückenlehne, um den Stoffverbrauch für die lange Bahn zu berechnen, die mindestens bis zur Mitte der vorderen und hinteren Beine reichen soll. Rechnen Sie jeweils 10 mm für die seitlichen Nahtzugaben hinzu.

2 Legen Sie den Stuhl seitwärts auf ein großes Stück Papier und zeichnen Sie die Kontur nach, um ein Schnittmuster für die Seitenteile zu erhalten. Wieder 10 mm für die Nähte zugeben. Schneiden Sie nach den Schablonen die Seitenteile aus. Dann berechnen Sie die Länge der durchgehenden Bahn für Sitz, Vorder- und Rückenteil der Lehne.

3 Glücklicherweise kann man Paspel heute fertig kaufen, ebenso eine Vielfalt von Borten und Litzen. Wir haben eine Troddelborte verwendet, um dem eher strengen Modell etwas Witz zu geben. Schieben Sie den Paspel zwischen Seitenteil und Mittelteil, dann stecken Sie die Kanten und steppen die Teile zusammen. Den Saum ringsum einschlagen, absteppen und dabei die Borte mitfassen. Wenn die Borte sehr dick ist, nähen Sie sie besser mit der Hand an.

Winter

20 BOUGIES

Winterfeste

Der Winter ist mit all den Festen und Feiern geschäftiger als andere Jahreszeiten. Aber gerade solche Anlässe heben die Stimmung und machen uns die langen, dunklen und deprimierend grauen Tage erträglicher. Gerade im Winter ist es doch unendlich schwierig, das gemütliche Nest zu verlassen.

Feuer und Licht spielen zu dieser Jahreszeit eine große Rolle. Es gibt nichts Schöneres als das Knistern, das Knacken und den einzigartigen Duft eines Kaminfeuers, das dem Haus Wärme, Energie und Seele verleiht. Auf dem Land, wo noch häufiger mit Holz geheizt wird, hat die Abendluft oft einen angenehmen, rauchigen Duft.

Zur Beleuchtung schaffen Sie mit Lampen einladende Lichtinseln, statt den ganzen Raum zu erhellen. Noch schöner wird die Atmosphäre mit dem lebendigen Flackern von Kerzen und Teelichtern. Eine einzelne Kerze auf dem Tisch zum Abendessen verwandelt sogar die einfachste Mahlzeit in eine Fest. Eine Laterne im Fenster ist ein herzlicher Willkommensgruß für Freunde und Familie, und eine Kerze mit Zimt- oder Fenchelduft sorgt für ein wunderbar süßlich-würziges Aroma, das im Nu Wohlbehagen verbreitet.

SUSAN

MERYL
JOYEUX NOEL!

Ein festliches Stilleben begrüßt Gäste schon in unserer kleinen Diele. Die große Silberkugel gibt dem Ensemble einen dezent festlichen Glanz, die frischen Blumen unterstreichen die besondere Atmosphäre.

Oben sehen Sie einen modernen Weihnachtsbaum mit brennenden Teelichtern. Schöne Weihnachtskarten sind für uns ein Symbol für den Geist des Gebens und Nehmens (diese ist von unserer Freundin, der Künstlerin Lydia Bates).

Links: Geschenke werden in schlichtes, einfarbiges Papier eingewickelt und mit Bändern und natürlichen Dekorationen geschmückt. Hier ist ein Rosmarinzweig locker in die Schleife geschoben.

Unten: Champagner auf einem Bett aus Eiswürfeln in einer alten Zinkwanne passt wunderbar zu dem prächtigen Kristallkronleuchter im Hintergrund. Beide Elemente tragen zur festlichen Atmosphäre bei.

Unten: Auf dem Weihnachtstisch mit einzelnen Sets findet jeder Gast an seinem Platz eine Platzkarte und Plätzchen, verziert mit Rosmarin und Ilex.

TIGGY
JOYEUX NOEL!

Tisch
gespräch

Es sind weniger die teuren und extravaganten Geschenke, sondern eher die liebevollen Kleinigkeiten, die zu Weihnachten so viel Freude bereiten. Im Computerzeitalter können wir Einladungen und Tischkarten flink ausdrucken, suchen Sie darum das Papier besonders liebevoll aus. Wir haben ein dickes, wie geeist wirkendes Transparentpapier verwendet, das ideal mit den handgenähten Organdy-Säckchen auf den einzelnen Plätzen harmoniert. Die Beutel sind mit Amaretti und kleinen silbernen Liebesperlen gefüllt, die dezent durch den Stoff glitzern.

Die Texturen des Winters umgeben uns überall, von den natürlichen Strukturen der kahlen Erde und dem Gewebe einer Wolldecke bis zum Schimmern der Tischdecke aus Wildlederimitat (Bild gegenüber).

Decken sind unglaublich vielseitig. Man kann sie über Sessel, Sofas oder Betten drapieren – und natürlich sorgen sie im Winter auch für gemütlich warme Füße.

Freuen Sie sich an kontrastreichen Texturen wie hier zwischen dem glatten Sofabezug und dem dicken Wollpullover oder der weichen Tischdecke aus Wildlederimitat vor dem Stoß Holz, der bereit liegt, um als Kaminfeuer zu wärmen.

Kleinkariert?

Metallicfarben feiern ein Comeback, doch haben sie wenig mit den Hammerschlaglacken ihrer Vorgänger aus den 80er Jahren gemein. Heute gibt es sogar wasserverdünnbare Produkte in vielen natürlich wirkenden Tönen. Dezent eingesetzt, können sie lasierte Wände aufpeppen. Und sie bieten sich besonders für all diejenigen an, die einen Hang zum Modernen haben.

1 Zuerst wird die Wand mit einer hellgrauen Emulsionsfarbe gestrichen. Als Grundierung für eine Lasur sollten Sie eine Farbe mit hohem Kunstharzanteil verwenden. Weil sie weniger saugfähig ist, lässt sich die Lasur darauf besser verarbeiten. Wir haben eine Lasur aus einem Teil des Farbtons Elephant Grey (s. Seite 138) und fünf Teilen Wasser angerührt, mit großzügigen Pinselstrichen aufgetragen und mit einem Lappen abgetupft und -gewischt.

2 Wenn die Lasur trocken ist, wird mit Schneiderkreide und Wasserwaage eine senkrechte Linie auf der Wand markiert, die als Ausgangslinie für die Rapporte dient. Schneiden Sie aus Pappe eine quadratische Schablone (in unserem Fall 30 x 30 cm). Legen Sie zwei Ecken der Schablone an die Hilfslinie und zeichnen Sie die beiden anderen Ecken an.

3 Schneiden Sie mit einem Cutter einen Würfel aus einem Küchenschwamm und stempeln Sie damit kleine Quadrate auf die Markierungen der Rapporte. Mit Schwämmen lassen sich interessante Strukturen drucken. Sie sollten aber immer zuerst einige Probedrucke auf einem Stück Pappe machen, ehe Sie sich an die Wand wagen. Eine kleine Rolle ist praktisch, um die Farbe in der Wanne zu verteilen.

サッポロビール
三星啤酒
LEVER BROTHERS LTD

Alterserscheinungen

Bis heute ist dies eine unserer liebsten Techniken, um ganz durchschnittliche, eher charakterlose Dinge im Handumdrehen künstlich zu altern. Die Methode eignet sich auch für Möbel, sollte aber nicht übertrieben werden, wenn das Alter „glaubwürdig" aussehen soll.

1 Zuerst das Holz mit wasserverdünnbarer Beize (wir haben Mittelbraun verwendet) eintönen und trocknen lassen. Dann die Beize mit Schnellschliffgrund oder mattem Acryllack versiegen. Wenn Sie diese Technik für Möbel anwenden, sollten Sie stets Schnellschliffgrund verwenden, der auch die Verbindungen versiegelt. Pinsel, die für Schellack-Schleifgrund benutzt wurden, müssen mit Lösungsmittel gereinigt werden.

2 Tragen Sie nun Gummilösung, Textilkleber oder Abdeckmilch (Künstlerbedarf) in unregelmäßigen, wie zufällig wirkende Flecken auf die Stellen auf, an denen das Holz durchschimmern soll. Verteilen Sie die Flecken nicht zu symmetrisch, und geben Sie ihnen unregelmäßige, zackige Kanten wie von abblätternder Farbe. Das ist aber einfacher, als es klingt.

3 Wenn die Lösung nach dem Trocknen transparent geworden ist (das dauert etwa 30 Minuten), streichen Sie das Holz mit zwei Schichten wasserverdünnbarer Farbe. Anstriche gut trocknen lassen. Dann die Kanten vorsichtig abschleifen, dass die Gummilösung zum Vorschein kommt. Wenn Sie nun das Gummi abziehen, erhalten Sie rissige Kanten, als würde die Farbe abblättern. Entstauben und mit zwei Schichten Klarlack versiegeln.

Bitte zu Tisch

Die Küche ist mit ihrer wunderbaren Mischung aus Gemütlichkeit, Vertrautheit und Versorgung seit jeher das emotionale Herzstück eines ländlichen Zuhause. War sie früher ein eher nüchtern-funktionaler Raum, so hat sie sich heute in einen praktischen Wohnbereich mit dezenter Eleganz verwandelt. Sie wirkt zwanglos und einladend, sauber und doch bewohnt. Die ländliche Küche ist ein Ort für gutes Essen, zwangloses Leben und erholsame Ruhe – ein Treffpunkt, wo man sich mit Freunden trifft, Pläne macht und Mahlzeiten in einer Atmosphäre genießt, die jeden Tag aufs Neue belebend ist. Für eine gelungene Einrichtung überdenken Sie einmal Ihre optischen Vorlieben, entwickeln Sie einen Sinn für die einfachen Dinge und lassen Sie sich auch auf Ungewöhnliches ein.

Persönlicher Stil

In einer Küche im neuen Country-Stil werden Sie vermutlich keine exakt zusammen passenden Elemente oder gar Einbaumöbel finden. Hier werden glatte Fliesen beherzt mit schönen, alten Wasserhähnen, Arbeitsplatten und Anrichten, aber auch mit modernen Gefäßen und Edelstahlpfannen kombiniert. Geräte dürfen sichtbar bleiben statt sich schamhaft zu verstecken. Allerdings will das System von Stauraum und Präsentation gut durchdacht sein, und es werden in jedem Fall Kompromisse nötig sein. Denn obwohl Einbauküchen nicht mehr der letzte Schrei sind, sammelt sich in offenen Regalen schnell der Staub, und längst nicht alle Lebensmittel haben einen vorzeigenswerten Behälter oder ein dekoratives Etikett.

Auch die Speisen, die wir zubereiten, sind heute unkomplizierter und mehr den Jahreszeiten angepasst. Unsere Esskultur ist lockerer und zwangloser geworden, außerdem kann heute fast jeder aus zahlreichen organischen Gemüsen und vielen frischen Salaten, Früchten und Kräutern

wählen. Machen Sie aus jedem Abendessen ein Fest, statt es als bloße Notwendigkeit anzusehen. Entspannen Sie sich, zünden Sie eine Kerze oder ein Teelicht an, um Atmosphäre zu schaffen, kaufen Sie verschiedene interessante Brotsorten und achten Sie auch darauf, wie Sie die Speisen anrichten. In zahllosen Zeitschriften und Fernsehsendungen werden Sie mit Inspirationen versorgt, wählen Sie aus, was zu Ihnen passt. Allein die Zubereitung des Essens kann schon erholsam und belebend sein.

Wählen Sie für die Küche neutrale Farben, so haben Sie viel mehr Kombinationsmöglichkeiten für Gläser und Geschirr. Die Zeiten, wo alles zusammenpassen musste, sind längst vorbei. Kaufen Sie Einzelstücke, die Ihnen gefallen: Praktisches verträgt sich bestens mit Elegantem, Stilmischungen sind beinahe ein Muss. Zwanglose Treffen sind oft die gelungensten, und eine lockere Stilmischung trägt dazu bei, dass in Ihrer Küche eine sorglose Atmosphäre herrscht.

Eigene Ernte

Von selbst gezogenen Produkten geht etwas unglaublich Befriedigendes aus, ob es sich nun um Blumen, Obst, Gemüse oder Kräuter handelt. Zum Glück müssen Sie dafür weder ein Fachmann sein noch einen großen Garten haben. Schon vier oder fünf Töpfe reichen für eine gute Tomatenernte völlig aus, und Kräuter kann man problemlos auf der Fensterbank ziehen. Was Sie auch ernten, es ist nicht nur biologisch einwandfrei, sondern Sie werden durch einen herrlichen Geschmack belohnt, mit dem sich Supermarktware nicht messen kann.

Um einem Abendessen oder einer Grillparty eine persönliche Note zu geben, könnten Sie die Plätze mit kleinen Kräutersträußchen dekorieren, mit denen die Gäste ganz nach Belieben ihre Speisen würzen können. Eine so liebevolle Geste werden Ihre Freunde gewiss zu schätzen wissen.

In unserem Glasschrank werden Sie Kristall vergeblich suchen. Er enthält nur eine Mischung relativ moderner Gläser. Der Holztisch links wurde mit kalkweißer Farbe aufgefrischt, die allerdings kunstvoll gealtert wurde, um seinen Charme zu bewahren.

In keinem Haushalt sollte ein schlichtes, weißes Service fehlen, weil es sich für zwanglose ebenso wie für festliche Anlässe eignet. Dieses preiswerte Geschirr wird in einem kleinen Familienbetrieb in Italien hergestellt. Es fühlt sich wunderbar an, weil es so schwer und derb ist. Rechts: Bruschetta, ein einfacher, italienischer Snack, für den man sterben könnte. Einfach Olivenöl und Salz darauf geben – und genießen.

Frühstück für Freunde

Es gibt keinen größeren Luxus als ein gemütliches Frühstück, und auch ein entspanntes Frühstück mit Freunden ist ein Genuss. Genau wie bei anderen Mahlzeiten entsteht die Zwanglosigkeit durch die richtige Vorbereitung. Ein Beistelltisch mit verschiedenen Platten und Körben bietet sich an, weil es besonders bei Ankunft der Gäste leicht voll am Tisch wird. Die Menschen haben morgens ein unterschiedliches Tempo – seinen Sie also flexibel. Im Winter könnte die Mahlzeit mit einem kernigen Müsli beginnen, danach passt ein Korb mit interessanten, getoasteten Brotsorten und selbst gekochter Marmelade. Im Sommer wählen Sie die leichtere, kontinentale Variante mit verschiedenen Sorten von Schinken und mildem Käse, hart gekochten Eiern und ebenfalls einem Korb mit warmem Brot. Dazu gehört natürlich literweise frisch gebrühter Kaffee oder Tee. Zweifellos ist ein gutes, entspanntes Frühstück ein Hochgenuss und schafft unter Freunden ein besonderes Gefühl der Intimität. Entspannen Sie sich, essen und genießen Sie, und planen Sie den restlichen Tag.

Diesen alten Kronleuchter haben wir in unserem Haus vorgefunden und zum Blickfang eines Zimmers gemacht, wo er sich willig in die sonst eher moderne Einrichtung einfügt. Die Rollos rollen wir meistens glatt auf, nur zu besonderen Anlässen werden sie drapiert (siehe Seite 97). Der Duft von Räucherstäbchen (oben rechts) verbreitet im Raum einen herrlich holzigen Unterton.

Holen Sie sich kleine Details und Dekorationen aus der Natur. Die Zweige (links) harmonieren gut mit den neutralen Tönen des Geschirrs und der Servietten und bilden einen interessanten Kontrast zu dem dunklen Holz darunter.

Getrocknete Samenstände in schlanken Glasvasen sind eine interessante, moderne Tischdekoration. Einzeln oder in Gruppen von zwei oder drei Stielen sind sie auch mitten auf dem Tisch angenehm unaufdringlich.

Bloomsbury-Fries

Wir sind zwar nicht die größten Fans der Schablonenmalerei, doch gelegentlich arbeiten wir mit Gummistempeln. Mit ihnen lassen sich Muster gestalten, die überzeugend und professionell aussehen. Man kann solche Stempel fertig kaufen, doch mit selbst geschnittenen Stempeln gelingen ganz einfach dekorative Muster, die dem ureigenen Stil entsprechen und dadurch sehr individuell und persönlich wirken.

1 Malen Sie mit Bleistift und einem flexiblen Kurvenlineal das Blattmotiv auf ein Computer-Mousepad, dann schneiden Sie Blätter und Stiele mit einem Cutter aus. Kleben Sie mit einem Gummi-Textilkleber die Formen mit der Oberseite nach unten auf ein Stück MDF-Platte. Die Schaumseite des Mousepads soll dabei sichtbar bleiben.

2 Zeichnen Sie an der Wand in gewünschter Höhe die untere Begrenzungslinie mit Schneiderkreide an. Gießen Sie dann wasserlösliche Farbe in einen Teller und tragen Sie sie mit einer kleinen Rolle gleichmäßig auf den Stempel auf. Nach jedem Abdruck neue Farbe auftragen. Für die Ecken stempeln Sie das Motiv auf Pappe und verwenden diese als Schablone. Details werden aus freier Hand hinzugefügt.

3 Wir haben drei Stempel zugeschnitten: je einen nach rechts und nach links gebogenen Zweig sowie einen einfachen Zweig als Zwischenmotiv, das die optische Verbindung herstellt. Ein hölzerner Knopf, der auf die Rückseite der MDF-Platte geschraubt wird, eignet sich als praktischer Griff. Wenn Sie nur kleine Stempel zuschneiden, können Sie diese auch direkt auf die Rückseite großer Holzknöpfe kleben.

Dressing fürs Fenster

In einem Kapitel, in dem es um die kulinarischen Freuden des Lebens geht, betrachten wir die Fensterdekoration als Dressing. Das Rollo ist praktisch und leicht zu bedienen, und als schöne Ergänzung zu dem glatten Springrollo wirkt es so schlicht und elegant, dass es zu jedem Fenster passt.

1 Zuerst Breite und Länge des Fensters ausmessen und zwei passende Bahnen Stoff zuschneiden. Hier Naturleinen für die Vorderseite und weiße Baumwolle für das Futter. Ringsum eine Saumzugabe von 5 mm berücksichtigen. Die beiden Stoffe rechts auf rechts zusammennähen und wenden. Vier 12 cm breite Streifen Naturleinen zuschneiden, nähen und bügeln. Für Schleifen brauche Sie etwa die $1^1/_2$-fache Länge des Rollos.

2 Ein einfaches weißes Springrollo nach Herstelleranweisung tief in der Fensternische montieren. Dann direkt vor dem Rollo mit Schrauben eine Holzleiste in der Fensternische anbringen. An der Vorderseite mit einem Tacker oder mit Klebstoff einen Streifen Klettband befestigen, an dem später das Leinen-Raffrollo aufgehängt wird.

3 Je zwei Bänder an der Oberkante des Rollos feststeppen, dann die zweite Hälfte des Klettbandes über den oberen Saum steppen. Jetzt wird das Raffrollo fest an den Klettbandstreifen der Holzleiste angedrückt. Den Stoff in lockeren Falten bis zur gewünschten Höhe raffen und die Bänder zu Schleifen binden. Wer es schlichter mag, rollt das Leinenrollo glatt auf.

Schlafen und träumen

Kein Raum im Haus verdient es mehr als das Schlafzimmer, ein Hafen der Sinnlichkeit zu sein. Es ist wohl der privateste aller Räume, in den wir uns flüchten, wenn wir Erholung und Ruhe brauchen. Schon darum sollte es so gestaltet sein, dass wir uns entspannt und verwöhnt fühlen. Lieblingsstücke gehören unbedingt zur Einrichtung. Marcel Proust schrieb: „Der Schlaf umgibt den Menschen wie das Meer eine Halbinsel." Das ist eine sehr schöne Analogie. Eine ruhige Dekoration, sorgfältig ausgewählte sanfte Farben und gut durchdachte Kleinigkeiten sind die Elemente, die Wohlbehagen vermitteln und einen wirklich entspannenden Nachtschlaf schenken. Nur zu – verwöhnen Sie sich mit sanften Farben und machen Sie aus Ihrer Halbinsel einen ganz persönlichen Ort.

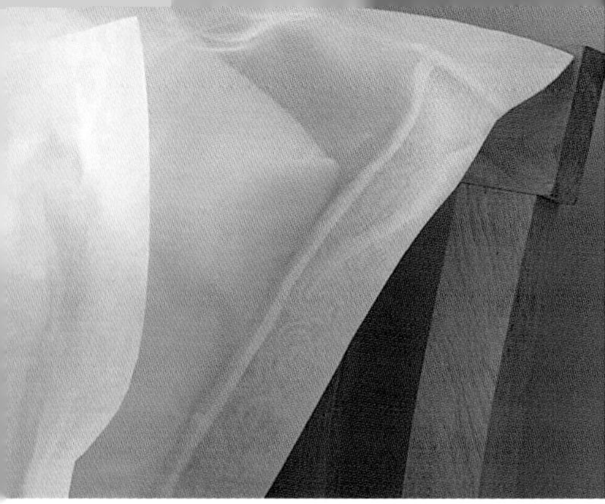
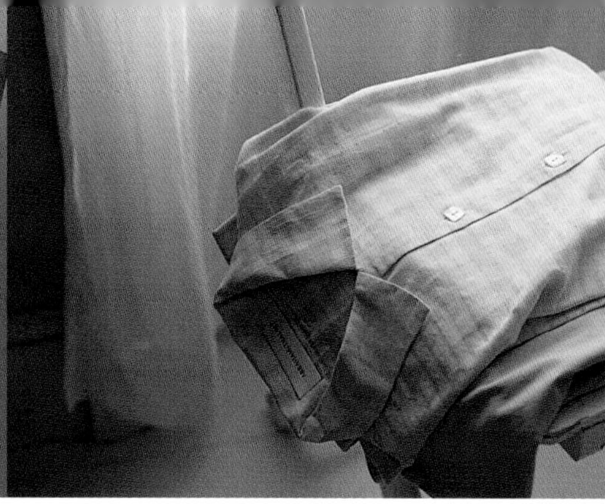

Ruhe und Entspannung

Ein Schlafzimmer kann gleichzeitig Boudoir, Ankleidezimmer und Wohnraum sein, vor allem aber sollten Sie sich darin wohl und entspannt fühlen. Zweifellos ist das Bett der Blickfang, und es ist wichtig, ein wirklich gutes zu wählen – in Bezug auf sein Aussehen wie auf seine Bequemlichkeit. Es sollte weder zu hart noch zu weich sein. Stellen Sie sich vor, das Bett ist die vom Meer umspülte Spitze der Halbinsel.

Dekorieren Sie die Fenster dezent mit schlichten Stoffen, statt sie unter schweren Draperien zu erdrücken. Transparente Gardinen schützen vor Einblicken, wirken leicht und verträumt und lassen vor allem Licht in den Raum fallen. Wählen Sie für die Wände sanfte Pastelltöne statt lebhafter Farben. Und gönnen Sie sich eine luxuriöse Bettlandschaft mit weichen Stoffen, Kissen und Decken in verschiedenen Texturen. Für den Winter eignen sich Woll- und Mohairdecken und warme Federbetten, im Sommer sind leichte, frische Baumwolle oder Leinen, kombiniert mit Kissenbezügen aus transparentem Organdy oder Stickerei, angenehm kühl.

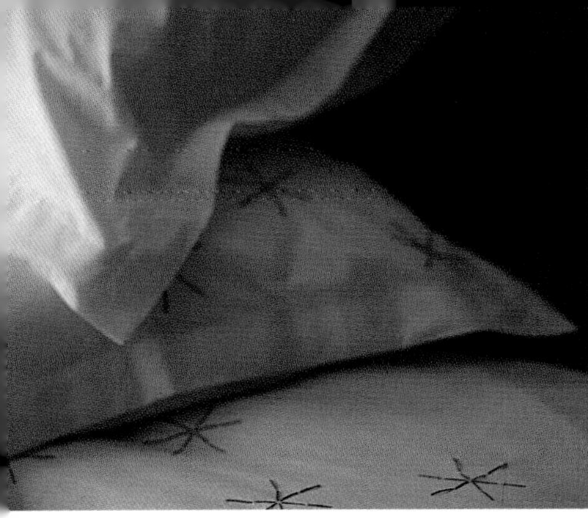

Damit Sie nachts gut schlafen, sorgen Sie für ausreichend frische Luft. Es gibt kaum etwas Schöneres, als die Anspannung des Tages in einem heißen Bad abzuspülen. Es sollte gerade so lang und so heiß sein, dass sich die müden Muskeln lockern. Auch ein Glas Milch wirkt wunderbar entspannend. Probieren Sie auch ein paar einfache Entspannungsübungen: drehen Sie den Kopf langsam einige Male von rechts nach links, um die Nackenmuskeln zu lockern, strecken Sie langsam die Arme aus und bewegen Sie Handgelenke und Finger.

Sorgen Sie für schöne Träume. Stellen Sie sich vor, was Sie sein oder tun möchten, wenn Sie alle Möglichkeiten hätten. Entscheiden Sie, was Sie morgen sagen wollen, um ein bestimmtes Problem zu lösen. Und wenn Sie dann immer noch nicht schlafen können, zählen Sie keine Schäfchen, sondern Wellen, die sich am Strand brechen. Für Menschen mit stressigem Alltag ist der gute Nachtschlaf ganz sicher ein wichtiger Faktor. Erholung ist lebensnotwendig, darum schlafen Sie gut auf Ihrer Halbinsel.

Wir haben Stofffarbe im Farbton des Bettes angemischt und damit einen Streifen des Baumwoll-Voile eingefärbt. Zwei Stangen sind in Deckenhaken eingehängt, darüber ist die Stoffbahn als unkomplizierter Betthimmel drapiert. Die Möbel aus echter antiker Kiefer erinnern an Alpenländer.

In den kühleren Monaten sorgen weiche Tücher und Decken für Wärme. Witzig sind die Kissen aus Webpelz, die wir für erstaunlich wenig Geld im örtlichen Kaufhaus gefunden haben.

Um den Alpenlook zu vervollständigen, haben wir auf weiße Laken schlichte, lockere Sterne gestickt. Sie harmonieren schön mit der Decke aus glattem, grauem Jersey und der weichen Wolldecke mit Sternenmuster.

Übernachtungsgäste

Gäste übers Wochenende einzuladen, ist eine sehr persönliche Geste. Es ist nicht ohne Schrecken, dass diese Leute Sie rund um die Uhr sehen – mit all Ihren Schrullen. Manche Menschen sind als Wochenendgastgeber Naturtalente. Das Geheimnis eines erfolgreichen Besuchs besteht darin, dass die Gäste sich wohl fühlen. Ein kleines Begrüßungsgeschenk auf dem Nachtschrank, vielleicht eine besondere Seife, ist eine gute Idee. Planen Sie zu Beginn einige Aktivitäten, eventuell sogar eine gemeinsame Arbeit. Was immer Sie gemeinsam tun, es bricht das Eis und schafft eine lockere, entspannte Atmosphäre. Machen Sie einen ungefähren Zeitplan, damit jeder weiß, was ihn wann erwartet. Und planen Sie eine Zusammenkunft am Morgen. Wecken Sie die Gäste mit einem Tablett mit einer Tasse Tee und einer frischen Blume aus dem Garten – diese Kleinigkeiten machen den großen Unterschied. Vielleicht ist etwas mehr Vorbereitung nötig, doch Wochenenden mit Freunden schaffen eine besondere Bindung, die lange Zeit halten kann.

Leichte Sommerbettwäsche hat die dicken Winterdecken abgelöst. Unten: Einzelne Blütenstiele stehen in der Reagenzglas-Vase auf einem Tablett aus Rattan. Die Vorhänge sind einfach mit Bindfaden am Spannseil festgebunden.

Noch mehr Blüten in schönen Flaschen. Eine dicke Aromakerze mit Dreierdocht in prächtigen Fruchtfarben verstärkt die sommerlichen Düfte, die aus dem Garten durchs Fenster wehen. Die Kissenhüllen aus fließendem, zartem Baumwoll-Organdy strahlen eine verträumte Leichtigkeit aus.

Bettvorhänge an Drähten

Hinter solchen Bettvorhängen fühlt man sich herrlich geborgen. Verwenden Sie fließende Gardinenstoffe, die Licht durchschimmern lassen und die sanfte Stimmung des Schlafzimmers unterstreichen. Die Auswahl an Gardinenstoffen ist enorm, und manche Geschäfte bieten sogar fertig gesäumte Bahnen an. Schlichte, weiße Gardinen wirken romantisch und modern – und sie sind sehr preiswert. Spanndrähte bekommt man in jedem Kaufhaus.

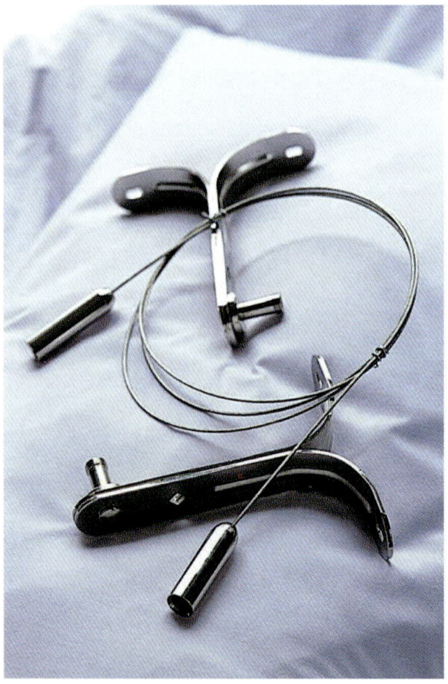

1 Zuerst werden die Halterungen für die Drähte an der Decke festgeschraubt. Verwenden Sie zum Ausrichten eine lange Leiste, damit die Vorhänge später wirklich parallel zum Bett hängen. Dann die Drähte einziehen und spannen.

2 Wir haben strukturierten Gardinenstoff für die braunen Bahnen verarbeitet und für die zweiten Vorhänge preiswerten Musselin eingefärbt. Der Musselin muss natürlich ringsum gesäumt werden, damit die Kanten sauber aussehen.

3 Dann werden mit einer Ahle Löcher in die Stoff-Oberkante gestochen, durch die einzelne Bindfadenstücke gezogen werden. Zum Aufhängen der Vorhänge binden Sie die Bindfäden einfach zu Schleifen.

Im Freien leben

Für uns alle ist es wichtig, eine Verbindung zur Natur zu haben, und die finden wir in unserem Garten oder anderen Lebensbereichen im Freien, so klein sie auch sein mögen. Gerade in unserer Hightech-Gesellschaft gibt der eigene grüne Fleck uns Perspektive und Erdbezogenheit. Obendrein ist der Garten oder das Gartenzimmer ein sinnliches Erlebnis. Die Texturen von Pflanzen und Bäumen, erdige Terrakotta-Töpfe und der berauschende Duft von Sommerblumen und Kräutern tun ihr Teil dazu, die Belastungen des Tages abzubauen. Solche Harmonie verlangt nicht unbedingt einen großen Garten. Ein winziger Hof, eine Veranda, ein Wintergarten und selbst ein paar Blumenkästen in der Stadt reichen schon aus, um die Freuden des Lebens in Freien zu genießen.

Lasierte Stühle

Wenn Sie keine andere Idee aus diesem Buch verwirklichen, dann setzen Sie wenigstens dieses Projekt um. Das „Altern" von Möbeln mit einem oder zwei Farbtönen war der Ausgangspunkt unseres Erfolges, und die Technik ist heute noch so beliebt wie vor zehn Jahren, als unsere ersten Ideen in den Medien auftauchten. Diese Möbel haben einen leicht abgenutzten, verblichenen Charme, der seit jeher wunderbar in eine dezent-romantische Einrichtung passt – nur die Farben haben sich verändert.

1 Wenn Sie ein neues Möbelstück bearbeiten, dann versiegeln Sie das Holz zuerst (Anleitung auf Seite 77). War das Möbel gewachst, dann muss mit Spiritus und Stahlwolle das Wachs entfernt werden, ehe Sie das Holz mit Schellack versiegeln. Und wenn das Stück lackiert war, muss es leicht angeschliffen werden, damit die neue Farbe gut haftet.

2 Tragen Sie zwei Schichten Farbe in Ihrem Lieblingsfarbton auf, lassen Sie jeden Anstrich gut durchtrocknen. Dann werden die gesamten Flächen mit mittelfeinem Sandpapier abgeschliffen. An den Ecken und Kanten etwas kräftiger schmirgeln, um das Holz frei zu legen. Mit einem trockenen Tuch entstauben und mit zwei Schichten mattem Acryllack versiegeln.

3 Wenn Sie einen stärkeren „Abnutzungseffekt" wünschen, verdünnen Sie die Farbe für den ersten Anstrich zu etwa 50% mit Wasser. Beim zweiten Anstrich mit unverdünnter Farbe streichen Sie nur die Flächen, auf denen die Farbe decken soll. Nach dem Trocknen wird der Anstrich ebenfalls geschliffen und mit mattem Acryllack versiegelt.

Strand-Himmel

Es ist herrlich, sich in der größten Sommerhitze unter einem Sonnensegel auszustrecken – vielleicht, weil es an die Abenteuer der Kindheit erinnert. Dieser Himmel ist eine echte Alternative zum langweiligen Sonnenschirm, und mit einem Dachgepäckträger lässt er sich auch gut transportieren. Natürlich lädt dieses Sonnensegel auch ein, im eigenen Garten entspannte Stunden im lichten Schatten unter dem Stoffdach zu verbringen.

1 Für die Stützen schneiden Sie vier Bambusstangen von etwa 4 cm Durchmesser mit einer Handsäge auf 2,30 m Länge zurecht. Selbstverständlich können Sie statt der Bambusstangen auch Rundstäbe aus Massivholz verwenden.

2 Schneiden Sie ein Stück Baumwollköper von etwa 2,30 x 1,60 m Größe zu und säumen Sie alle Kanten. Um die Ecken zu verstärken, halbieren Sie ovale Lederflecken (eigentlich für Ärmel), legen sie doppelt und steppen sie über die Stoffecken. Dann werden Ösen in die Ecken eingeschlagen.

3 Stechen Sie mit einer Ahle etwa 10 cm vom oberen Ende der Stange entfernt ein Loch ins Holz und drehen Sie einen Messing-Schraubhaken hinein. Jetzt hängen Sie das Sonnensegel in die Haken ein, stechen die Stangen tief in den Sand und spannen sie mit Schnüren und Zeltheringen, die ebenfalls in den Sand gedrückt werden.

Windschutz

Hier ist eine zweite Idee für den erholsamen Ausflug an den Strand. Natürlich kann man solche Strandutensilien auch in den Ferienorten kaufen, doch leider meist in schreiend grellen Farben. Warum also nicht selbst machen? Wir haben einen dunkelblauen Karostoff mit maritimem Flair verwendet, ein hübscher Blumendruck würde sich aber ebenso eignen – wenn auch weniger für die Herren. Auf dem Foto gegenüber sehen Sie auch unser praktisches Strandbett. Kaufen Sie drei Schaumstoff-Polster, die mit Baumwollstoff bezogen und mit Bändern verbunden werden. Was kann einfacher sein?

1 Für den Windschutz nehmen sie vier Besenstiele, die mit Holzbeize eingetönt werden (wir haben Mittelbraun verwendet).

2 Kaufen Sie 3 m eines passenden Stoffs. Wir haben einen 90 cm breiten, festen Baumwollstoff gewählt, bei dem das Säumen der Längskanten überflüssig war.

3 Steppen Sie an beiden Enden und jeweils im Abstand von 1 m Tunnel für die Besenstiele ab, die gerade so weit sind, dass der Stoff fest an den Stäben anliegt.

Neue Country-Farben

In diesem Buch haben wir eine blassere Farbpalette verwendet als je zuvor. Alle Farben sollen ausgewogen und heiter wirken. Es sind moderne Töne, die dennoch Erinnerungen an eine verblasste Vergangenheit heraufbeschwören. French Grey und Mole sind in Frankreich traditionelle Farben für Möbel. Verwendet man sie jedoch für Wände und kombiniert sie mit dunklen Möbeln, wirken sie absolut zeitgemäß. Parchment ist sanfter als Kalkweiß und bietet sich für Holzelemente an. Es harmoniert auch gut mit Chalk und Stone, unseren Bestsellern. Mulberry Fool und Periwinkle Blue sind sehr hübsche Farben, Tourmaline erinnert an die 50er Jahre, Chinese Leaf und Parma Violet strahlen eine belebende Frische aus. Und alle Töne harmonieren wunderbar mit den zarten, floralen Mustern, die wieder im Kommen sind.

Danksagung

Wir möchten den folgenden Personen für ihre enorme Hilfe beim Entstehen dieses Buches danken:

Denise Bates von Ebury Press für ihre beständige Unterstützung, ihr Vertrauen und ihre unerschütterliche Geduld. Emma Callery, einer großzügigen und hilfreichen Lektorin, sowie Alice Shackleton für Ihre Arbeit an Layout und Design.

Unseren drei wunderbaren und talentierten Fotografen David Downie, Andrew Wood und Caroline Arber – es hat so viel Spaß gemacht, obwohl auch der Stress manchmal gewaltig war.

Allen unseren jetzigen und ehemaligen Angestellten in London und Dorset, deren tägliche Arbeit den Betrieb am Laufen hält und ohne deren Hilfe all das nicht möglich wäre. Chris Mowe, der so wunderbare Farben herstellt und dessen Beratung und Anregung unser Leben für immer verändert hat.

All unseren Kunden, Berufskollegen, Journalisten, unseren Freunden und Familien – Eure Wärme und Großzügigkeit motiviert und inspiriert uns. Möge sie niemals enden.

Ein besonderer Dank an Jonathan Ronald, Susan Vickerman und Tiggs, die immer da waren, wenn wir sie brauchten.

Und schließlich Dank an unsere lieben Freundinnen und Mentorinnen Meryl Lloyd und Joanna Copestick, zwei bemerkenswerte Frauen, die an uns glauben und uns so verlässlich unterstützt haben – wir werden euch immer dankbar sein.